JN437388

그날이 도적같이 오기 전에

그날이 도적같이 오기 전에

초판 1쇄 인쇄 2016년 10월 15일
초판 1쇄 발행 2016년 10월 20일

지은이 | 김만수
펴낸이 | 金泰奉
펴낸곳 | 도서출판 띠앗
등 록 | 제4-414호

편 집 | 박창서, 김수정
마케팅 | 김명준
홍 보 | 김태일

주 소 | (우 05044) 서울시 광진구 아차산로413(구의동 243-22)
전 화 | (02)454-0492
팩 스 | (02)454-0493
이메일 ddiat@ddiat.co.kr
홈페이지 www.ddiat.co.kr

값 6,000원
ISBN 978-89-5854-109-7(03810)

그날이 도적같이 오기 전에

김만수 시집

시인의 말

누구나 시를 쓸 수는 있어도
아무나 詩人이 될 수는 없으며 누구나 시인이 된다면
이 길을 택하지 않았을 것이라던 어느 작가의 말이
생각난다.
詩를 쓴다는 것이 어렵고도 쉽지 않음을
표현한 말일 것이다.
그럼에도 많은 文學 同好人들이 시를 쓰는 것은
산고의 통증처럼 힘이 들기도 하지만
나름대로 해산 후에 오는 벅찬 희열을 느끼기 때문은
아닐까.
나 역시 시를 즐기는 사람으로 졸작을 해산하면서
작은 물이 江湖로 가는 것처럼 설레기도 하지만
한편으로는 더욱 탁마해서 좋은 작품으로
선보이지 못한 것이 부끄러울 따름이다.

아무튼 初老의 길을 가며 친구가 되어 준 몇 줄의 글이
처녀작 시집 『쭉정이는 되지 말아야지』와
두 번째 詩集 『그날이 도적같이 오기 전에』를
出刊하게 된 것을 사랑하는 사람들과 함께 기뻐하며
하나님께 감사하고 또 감사할 뿐이다.

이 책을
"그해 가을" 하늘의 별이 되신
사랑하는 내 어머님 영전에 바친다.

2016年　中秋之節

(嶋泉) 金萬守

◦ 차례 ◦

2부 ❊ 하루살이

3부 ※ 여행길에서

4부 ※ 그해 가을

5부 ※ 그날이 도적같이 오기 전에

1 부

아침에 여유

아침의 여유

5월의 아침
샛강 들길은 온통 초록이다.

밤새 내린 이슬
대지를 적시고
송알송알 은구슬에 풀꽃들
눈부신 햇살 아래로
바람에 실려 오는 녹색의 향기
새들의 날갯짓
생명의 소리들

오늘의 만남도
햇살처럼
싱그러운 풀꽃의 향기처럼
다가가야 할 텐데

하늘을 본다.
오늘도 누구에게 인가를
생각하면서.

도천(嶋泉)

끝없이
육지로 다투어 오다가
잘려진 조각들
그곳에 생명이 산다.
어둠의 강 세속을 떠돌다가
만유(萬有)의 섭리를 깨우치려는
작은 몸짓.

자궁을 빠져나와
세상의 바람소리 들으면
창조의 신비는
생명의 근원을 낳고
너는
기다리고 있는
목마른 짓들을 위해
낮 밤 없이
흐르고 있다.

울산바위 소나무

용오름 비행
먼지 같은 홀씨 하나

둥지를 튼
하늘 높은 벼랑 끝
해와 달
이슬만으로 살았나 보다.

집념은 오직 하나
살아야 하기에
인고의 세월을 쓰러지지 아니하고
바위 살 뚫어 근본을 내리니

백설 눈보라에도
푸른 월계관 쓰고 서서
오가는 길손
돌아보게 하는구나.

세월

봄인가 했더니
어느새 겨울.

시절마다 무심치 않았건만
저 혼자 깊어
살처럼 갔네.

청춘아,
내게도 있었는가!
아련히
꿈속의 일이네.

달동네에 오는 봄

초안산 길
봄바람이 나목을 깨운다.
긴 겨울이 가고 있었다.
마른 가지
기다림 서러웠지만
햇살 가득 안고
몽우리마다 파릇파릇
생명을 낳는다.

봄 마중 아지랑이
하늘가에서 춤추고
고운 아리아
새들이 난다.

녹천마을
달동네에도
봄이 오고 있었다.

젊은 날의 초상(肖像).1

문상 길
밤이 늦어
질러서 귀가하던 낙산 비탈길

하나 둘
흩날리는 눈발
만취한 몸 가누지 못하다가
마당바위 누워서 깜박했는데
저리는 한기에 눈을 뜨니
휘영청 달빛 아래
하얀 솜이불

걸인들
눈 오는 날 빨래한다더니
착한 날에
동사귀신 면했던
젊은 날의 초상이다.

젊은 날의 초상.2

낙산 달무리 짙더니
대학로 마로니에 길 가을비 내린다.

인적 끊어진
삼거리길 포장마차
이제는 마지막 술잔을 비워야 한다.
홀로 서려고 하는
약한 사시랑이
신뢰는 무너지고 의지할 곳 없으니
갈 곳 모르는 독백만
허공에 뿌린다.

어둠 속에서
추적추적 내리는 비
만근의 짐처럼 무거운 가슴이
낙엽의 강을 걸으며
비틀거린다.

빈털터리
홀로 선다는 것이
이렇게도 힘이 듭니다.

시간 속에서

지나간 날들이
돌아보면
퇴색한 그림같이 멀리에 있다.

또 다른 하루
언제까지 있을 것은 아닌데
종착은 무엇인가
시간의 의문
그 실체를 알지 못하니

오늘도 우물쭈물
분별도 못한 것이
혼자 가지 아니하고
어느덧 저만치 가 있구나.

시간과 나,
어디로 가는 것인가?

동그라미

떼굴떼굴
쳇바퀴 동그라미 굴러간다.
어제도 오늘도
다를 게 없는데

기대하는
그 무엇 있었나.
행여 하는 어리석음이
사력 다해 보지만
떼굴떼굴
여전히 쳇바퀴 빈 동그라미
기약도 없는데

운명처럼 내일 속으로
하염없이
굴러가고 있다.

내가 행복한 것은

내가 행복한 것은
바라볼 하늘이 있어 행복한 거야.

강산에 바람
피고 지는 꽃의 천리가 있어
행복한 거야.

하지만
무엇보다도 행복한 것은
내가 행복해야
내 사람들이 행복하니까.

감사하는 마음.

더불어 살아가는 날들이
행복한 거야.

송년

해를 보내며
제야의 종소리를 듣는다.
사색에 젖은 영시의 회상
마침표를 찍는다.
만날 땐 후회 없길 기대했건만
언제나 그렇듯이
빈 가슴은
가시라도 박힌 듯.

맘 가는 곳
돌아보지 못하고
속절없이 가버린 날들이
썰물처럼 아픔이다.
어둠 속에서
또다시 미로의 길

아쉬워해야 할 만남은
오고 있었다.

존재

하늘 땅
그리고 사람들
모든 것은
내가 살아 있기에 느끼며 산다.
그러나
영원하지 않으니
시간이 갈수록 존재의 의미는
작아진다는 것이다.

자신의 굴레
존재의 시간이 멈추는
그때까지 뿐이리.

나. 살아 있기에
느끼며 산다.

개뿔

충고를 듣는다고
위대함이 줄어들지도 않으련만
마눌 조언은
언제나 뒷전이다.

받아들이면
수고스럽지 않고
대우받을 것을.
자존심 때문에 우쭐대다가
망가지고 깨져서야
후회를 한다.

지는 것이 이기는 것이고
비우는 것이 채우는 것이라고
현인들은 말하건만

개뿔 소인배
어쩔 수 없는가 보다.

부끄럽지 말아야지

노을 지는 산마루
해 거름을 가는 나그네
굽이굽이 지나온 길
주마등처럼 스쳐간다.

돌아보면
부족한 자 산다는 것이
바람 불면 부는 만큼 맞는 것이고
비 오면 오는 만큼 젖는 것인데

세월 속에서
주체하지 못한 다툼의 인연은
응어리로 남았으니

어둠 내리면
남겨질 이야기들 있으리오.
돌이킬 수 없으니
고집스럽지 말고
거두고 가자

부끄럽지는 말아야지.

탓

탓하지 마라.
누구도 그 무엇도
모든 일은 스스로가 만드는 것을.

길흉화복 모두가
내 속에 있는 것이며
생각과 존재
그것이 나를
나 되게 만드는 것을.

원하였던지
원치 않았던지
그 속에 내가 있었기에

모든 것이
나 때문인 것을.

날이 갈수록

날이 갈수록
서럽도록 낯설은 세월
속절없이 오고 가니
불가분 꾸역꾸역 먹었다.

서산 가는 해는
뜻은 아니련만
초조로이 황혼 길 재촉하니
무슨 심술인가.

어찌하여
만나지 않으려 해도 더디 오질 아니하고
가는 것마저도 안타깝게
한 발 앞서 가는가.

꽃맞이 나들이 길
어제 같건만 어느새 갈잎 날리니
오늘도 깨달음 모른 채
허무만을 삼킨다.

회갑(回甲)

화약 연기 피난길에
열병으로 포기했었다고 하였는데
핏덩이는
천명으로 살아났고
잣 껍질로 아궁이 불 지펴
강냉이죽 허기 채운
환란의 날들.

기쁨과 슬픔
만남과 헤어짐 속에서
육십갑자 우여곡절의 여정
꿈같은 날들은 어제 같건만
삼라만상 세상 인연이
어느덧 회갑이라니

힘 다해 살아온 날들
참으로 감사한 것이련만
덧없는 세월 앞에서 무슨 말을 할 수 있을까.
밀려오는 공허함과
바람처럼 스쳐간 세월을
육십갑자 가르침의 지혜로
위로를 건네지만
그래도 차마 아쉬워
어쩌지 못하는 것을 되뇌어본다.

세월아 이제는
너는 너대로 나는 나대로 가자고.

최선책

지나고 나면
모든 것은
처음이면서 마지막이었다.
어둠과 밝음
지성의 공간 속 행위도 느낌도
오늘도
처음인 해와 달을 보았지만
그 역시
마지막인 것을.

다시 올 수 없는
삶 속의 모든 인연들
스쳐가는 바람에게도
헛되이 말아야지

그 또한 머물지 않고
지나고 나면
마지막일 테니까.

봄은 오는데

물비린내
싱그러운 강 언덕
남풍 바람에 갯버들 춤을 춘다.
양지 녘 개나리 여린 몽우리 수줍고
파릇파릇 대지 움트는
녹색의 숨소리
봄은 오는가.

생명의 몸짓들
무지갯빛 햇살이 설렘이지만
강물이 흘러
가는 세월도 있으니 기쁨만은 아니다.

호젓한 강가
시나브로 봄이 내리는데
무거움도 함께 내린다.

가버린 설한의 날들이
아쉬움이다.

떫은 감

꿈인 듯
찰나 같은 인생살이
매일 웃고 살아도 죽는 날은 서러울 텐데
백년가약 인연에도
가끔씩은 힘겨루기 한다.
별것 아닌데
져주면 될 것을
다시 오지 못할 날들을
마음 아프게 해
내가 서럽다.

겨울 오는 길목
하얗게 서리는 내려앉았건만
언제까지 나는 떫은 감이어야 하는가.

해 기울어
칼바람 오시기 전에
홍시처럼 달게
익어가야 할 텐데.

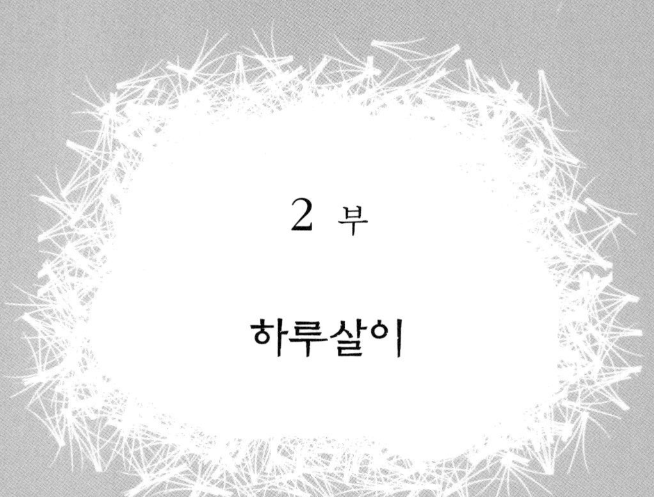

2 부

하루살이

하루살이

하루살이
살고 죽는 경계는 어딘가.
오전에 혹은 오후에
운명처럼 죽었더라.

때마다 하루살이들 슬퍼 울지만
저물어 어둠 내리면
슬퍼할 수도
울어 줄 것도 없다

하루살이
천수를 산다 해도
하루가 가고 나면
모두 사라져
전설만 남길 뿐이다.
하루살이는 하루를 산다.
잠시 왔다 가는
안타까움이다.

빨래터의 봄

봄바람에
새록새록 초록이 움트고
양지 녘 언덕
진달래 분홍 꽃잎

괴산 골짜기 흘러온 물
동장군을 녹이고
개천가에는 흐드러진 산수화

토닥토닥
겨울 씻는 아낙들
뜻 모를 이야기 널음 새로 풀어놓고
맘껏 웃음소리

빨래터의 봄은
여인들과 함께 오는가 보다.

뿌리

깊고 어두운
대지의 자궁
쉴 새 없는 암흑에서의 사투
가지 위해
살 찢어 토암 뚫고 가지만
몸은 하나이기에
바람 불면
뼈 속 깊은 곳이 아프다.

피붙이 위해
아프지 않은 것 있었던가.
대지를 지고 가는
무게만큼이나
근본은 언제나 목이 마른다.
어둠의 고통
밭은 숨 몰아쉰다.

다하는 날까지
인고의 세월을 산다.

술꾼

싸라기밥
온전하지 않은 것이
마귀할멈 만나서
술 요정 만들었나.

발효시킨 곡차
좋아서 한 잔, 나빠서 한 잔
만사 일로 주거니 받거니
마시다 보면
비틀비틀 세월 가누지 못하고
겁 없는 세상
망나니가 되네.

취하여
곤드레만드레 혼미했던 것이
눈 뜨면 후회하면서도
또다시 날 저물면
그리워지니
그 속 알지 못하겠네.

첫차

새벽길
칼바람에 눈이 시리다.
찢긴 나목들
별은 없다.
뻥 뚫린 구멍은 싱크 홀일까
크게 벌린 하마의 입
그 속을 간다.

우두커니
굉음 속에서
달려오는 철마를 맞는다.
창백하다
기대고 앉은 삶이
죽은 듯 표정도 없다.
잠시 후면
나도 함께할 것이다.

레일 위에서
하루가 열리고 있었다.

하루를 열며

눈을 뜨니
아침 햇살이 고맙다.
둥 둥 심장 소리 살아 있음이 고맙다.
창문을 열고
싱그러운 공기를 마신다.
하늘을 본다.

오늘은
어떤 일들이 날 기다리고 있을까.
스쳐갈 인연들
긍정 하면서
마음 다해 이 아침을 맞이해야지.
그리고 함께할
모든 것에도 감사해야지

감사한 마음은
슬픔을 고치는 마법의 약이고
기쁨을 열어주는
열쇠가 될 테니까.

봄볕

봄볕 미소로
춘곤이 내린다.
시린 눈 감으면 화살처럼 쏟아지는 햇살
창가에서
사르르 잠이 온다.

깜박 졸음으로
봄볕 속에 왔다 간 고운 빛깔들
무지갯빛
눈부시게 쏟아지던 햇살은
봄날의 요정이었나.

이른 봄날
양지 녘 창가.

봄볕에 취해 있었다.

주말농장

주말농장에
푸름이 무성하다.
오이와 고추
방울방울 토마토
도라지 보라꽃에 나비 날며 춤추는데
조리개 흔드는 아내도
훨훨 춤을 춘다.

김매던 손을 쉬며
평상에 앉아
오이 깨물어 땀을 씻으니
하늘엔 뭉게구름 가고
가슴엔 하나 가득
행복이 있다.

장맛비 그친 오후
주말농장은 풍요로움이다.
행복이 있었다.

민들레

운명처럼
바람 잠든 강 언덕에서 날갯짓 접고
별밤 외로워 울며
이슬 머금어 살았다
억수 비에 살 찢어 대지를 붙잡고
삼동(三冬) 날에는
혼신으로 살을 채웠지.

연초록 이랑이던 약속의 날에
만삭의 몸을
진통 끝에 해산했건만
또다시 바람 난도질에 보내야 한다.
저기 미지의 세상
기약 없는 길을

피붙이 떠나보낸
앉은뱅이는 설움에 서러움에
하얗게 눈물만 흘린다.

낙엽을 보내며

11월의 셋째 날
하늘 눈물 그렁그렁 하더니
가을비 내린다.
이 비 멎으면 겨울이 오겠지.

우수수—
세월을 다하고
바람에 떨어지는 나뭇잎 소리.
마지막 가을비에
서럽게도 옷을 벗는다.

융단처럼 깔린
은행잎을 바라보면서
문득 나는 지금
어디쯤 와 있는 것일까를 생각해 본다.

저기 나뭇잎들
할퀴는 바람의 울부짖음을
몸부림쳐 봐도
견딜 수 없는 것이니

그렇구나.
언젠가는 모두가 속절없이 떨어져
자연의 천리 속으로
묻히어 가겠지.

누구라도 그러하듯
조금은 늦고
조금은 빠르게
그렇게 북망산 길 가지 않겠는가.

아! 다시 들리는구나.
우수수 우수수수-
운명처럼 피가 말라 떨어져 가는
절규 어린
낙엽들의 비명소리

장송곡 같은 저 소리가….

견해(見解)

노을 바다에
고기 잡는 배 하나
아름답지만 사투(死鬪)였으니
무슨 의미 있으리.

꽃이 피고
새가 나는 것도 아름답지만
살을 찢는 고통을 참아가며
살기 위한 역경인 것을.

해서 너는 아느냐,
산이 푸르고 바다가 출렁이며
하늘 땅 사이
자연의 동작들이

그 모두가
생존을 위한 몸부림이란 것을.

풀빵장수

찬바람 부는
신작로 길 모퉁이
풀빵장수 할머니

때때로
늦은 퇴근길
허기진 뱃속을 달래곤 했는데
언제부터인지
보이시지 않는다.
길고 긴 설한 지나고
봄은 오는데.

풍문에 들으니
어쩌지 못하고
세월 따라 가셨다던가.
그해 겨울은
유난히도
눈이 많고 추위도 심했었다.

황사(黃沙)

황사(黃砂) 날에
뿌옇게 내려앉은 도심 하늘
무겁게도
가슴을 짓누른다.

바람의 오후
구조물들은 빛 바래고
영축산 초록마저도
묻혀 버렸다.

봄이건만
봄을 무엇으로 채울까
황사 날에
봄은 죽었더라.

바둑

삼매경이다.
아무것도 생각할 수 없다.
사랑도 일도
먹는 것조차도.

반상의 마술은
피가 마른다.

창과 방패
쫓고 쫓기는 무아지경
흥망은
단 한 번의 결전에 달렸다.

흑백의 돌
망령의 유혹인가.
벗어나려 해도
놔 주질 않는다.

나만의 것

보내고 기다리는
나만의 것

그것은
누구에게도 갈 수 없고
줄 수도 없었다.

영과 육의 실체도
그의 존재로 이루어지지만
그의 한계가 갖는
가장 큰 충격은
예측할 수 없는 것이기에,
온 길 모르듯
갈 길도 알 수 없다.

해서
내일이 있다 말하지 마라.
그 또한 있을 수도
없을 수도 있는 것이기에.

나만의 것
무능력의 존재는
불가항력으로 가버린
시간 앞에서
고맙게도
머물렀던 날들을 돌아다본다.

새것으로 오시던
한 해를 마감하면서….

가족

천생인연.
하늘이 정해 준 것을
핏줄 구만 리
한없는 연계

끝없이 주기만 해도
아깝지 않고
더 많이 줄 수 없음에
안타까운 것을.

웃고 울며
살아가는 날들을
위하여 무엇이든 할 수 있음이
행복인 것을.

언제까지나
함께해야 하는 이유도
사랑할 수밖에 없는
천생인연.

가족이라는 이름입니다.

지구

하늘 땅
그리고 바다
헤집어 상처 난 동서남북.
열병으로
미친바람에 아파하니
물불을 토하고
억수로 운다.

자연
그 속에 생명들.
점차 하나 둘 사라져 가고
보이지 않는다.

문명이라는
그것의 바이러스로 죽어가고 있다.
억만년 터전
누구의 것도 아닌 것이.

기원

너는
동토에서 시작해 서해로 노을 뿌린다.
하루 속에서
희비 교차된 수많은 사연들
하늘 끝 바다로 간다.

수많은 자화상
그 모습들
어둠에 묻고 가지만
또 다른 하루를 향하여
가고 있을 것이다.

섭리로
약속의 땅을 가지만
바람이라면

그곳에서의 하루도
다툼 없이
축복만 가득하기를.

그리고
새벽 닭 울어서
어둠 걷히고 다시 만날 수 있다면

내 영혼 뜨겁게
감사할 수 있기를.

추수의 계절

만추에 샛강 나서니
싱그러운 강바람
하늘빛도 깊숙한 가을입니다.

지난여름을
힘 다해 살아온 으악새 모습
벌판에 나락을 생각합니다.

내게도
길지 않은 날들이
서천 하늘인데
추수할 날 멀지 않으련만

나는 지금
쭉정이인가
얼마나 익어가고 있는지.

3 부

여행길에서

고궁의 춘야

창경궁의 밤
켜켜이 적막이다.
춘당지 수양버들은 달빛을 휘감고
허리 휜 노송 숲은
스산하게도
어둠의 강이다.

그 옛날
춘사월 영산홍 밤에
꽃잎 지르밟던 청사초롱 길
님 들은 간 곳 없고
안타깝게도 내전 터는
이름만 남았구나.

풍운 세월 지켜본
오백 년 고목은 말이 없는데
사모정 누웠던 무수리들 넋이던가.
어둠 속에서
휘익 휘리릭
밤 새소리만 처량하다.

명정전*의 봄

용상 앞세운 일월 오악도
밝은 염원 담았던 군왕들은 보이질 않고
풍운 세월에 단청마저 흐리니
춘삼월 봄날을 뻐꾹새만 우는구나.

전각 월대 아래 돌계단 내려서니
답 도에 새긴 봉과 황 아직도 선명한데
품계석 남겨둔 채 사대부들 어딜 갔나.
삼도길 조정(朝廷)에는 바람만 분다.

거칠게 깔린 박석(薄石) 마당에
님 거닐던 중앙 어도(御道)에는
흔적마다 형상들이 숙연한데
오백 년 세월 속을 네가 있구나.

아! 세월은 바람이었나.
팔작지붕 하늘 위를 구름이 가는데
쓸쓸히 적막강산 정전 뜰에는
민들레 홀씨 하나 떠가고 있어라.

---

* 명정전(明正殿) : 창경궁의 정전

5월 춘당지

신록의 계절
송홧가루 날리는 5월 춘당지
석탑 그림자에 꽃잎이 흐르고
초록 실은 조각배
한가로이 떠 있다.

싱그러운 바람
물 위에 앉은 하늘과 구름
허리 휜 노송은 몸을 누이고
능수버들 물가에는
원앙들의 춤사위

아! 저기
백송(白松) 하늘 끝
북악에는
흰 구름 하나 쉬어가고 있구나.

고궁의 설경

눈이 내린다.
행각 와당에도 돌담 위에도
하얗게 눈이 내린다.

노송 숲 금천 하늘에
검은빛 한 점은 까치 새 마중인가
꽁꽁 얼어붙은 춘당지
샘솟는 한 켠은 원앙들 낙원인데
천지(天地) 사이
하얗게 억만 송이 꽃을 보다가
설경에 걸음 멈춘
동지 나그네.

풍운 세월 안고서
흰 눈을 맞는
오백 년 고목 앞에 서 있었다.

겨울 오는 길목에서

입동 절기
구중궁궐에 달려오는 겨울
궐 내각사 빈터는
밤바람이 차갑다.

가지 풀어 헤치고
비틀어진 회화고목
한 많은 궁중 비사 지켜보면서
장승처럼 서 있네.

옷깃 여미고
금천교 올라서니
적막한 밤하늘은
초승달만 스산하다.

통명전에서

풍기대 언덕 아래
노송 휘감은 운무
용마루 없는
지붕을 내려다본다.

왕의 여인들
풍운 세월 살다가
당쟁 속에서
저주가 서린 곳

침전을 나서는
군왕의 행차라도 있는가.
단청 처마 끝 어렴풋이
장군바위를 줄지어선
상궁과 나인들.

위엄에 눌려
숙연하게 조아려 보니
어느새 나도
신하가 되어 있었고

아스라이
오백 년 세월 속을 가고 있었다.

봄이 오는 창경궁

광덕문 들어서서 금천 길 가노라니
눈부신 햇살 아래 노송들이 반긴다.
설한은 녹아 물소리 들리고
행각 처마 고드름은 낙수되어 떨어지네.

잔설 흩어진 춘당지 물가
늘어진 버들가지에 꾀꼬리 날고
아직은 바람이 찬데 산수화 실눈을 뜨니
창경궁에도 봄이 오고 있었다.

가을 샛강

서산 해
아직은 노을이 이른가.
샛강은
쪽빛하늘이다.

길섶에
이름 모를 들꽃들
갈잎 어우러져
싱그러운 바람

농병아리
은빛 물결을 자맥질하는데
긴 목 감추고
백로는 한가롭다.

호젓한 길
하염없이 걷는다.

끝은 어디인가
가을 내린 고즈넉한 샛강엔
시심(詩心)만 가득.

대추

가시나무는
은빛 새 우는 늦은 봄날
싹을 틔워서
긴긴 해 천둥 비로
꽃을 피웠네.

별빛 부서지는 밤
뿌려지는 이슬로
몸을 적시고
단내음에
벌 나비 흠모하더니

좋은 날에
국화 향 바르고
시샘하듯
방울방울 늘어져
붉게도 몸을 태운다.

진해만에서

진해만
비린내 코끝으로
어둠이 내린다.
항만 건설에 사람들은 떠나고
불빛 희미한 갯가에는
그림자만 길다.

염원의 술잔
젓가락 장단이 밤하늘을 가는데
가덕도 풍경에 쉬어가던 한양 길손
갯바람 안주하니
드넓은 진해만에
별들이 내려앉는다.

개발의 기대.

어둠 속에서
휘황한 네온으로
비추고 있었다.

여행길에서

멀리도 좋고
가까이도 좋았다.

훌쩍 떠나서
물처럼 가르던 흔적들
길마다 간섭받지 않는 그곳에서
산천을 걸음하면
가슴으로 보이던
만상의 모습들

티끌처럼 작은 존재는
비로써 엉킨 줄을 풀었고
천근의 짐을 내렸다.

훌쩍 떠나는 길
내일은 어느 하늘 아래
내가 있을까.

금연

실속 없이
마시고 토한다.
백해무익하다는 것을.

남들은 끊는다고 하는데.
끊었다고 하던데.
살이 썩고
피가 말라가건만

의지 약한 나는
오늘도 설한 문 밖 쫓겨나와
개 떨 듯 떨며
마시고 토해 낸다.

끊어야 할 텐데.

무수골의 봄

만개한 꽃들
연분홍 꽃 노란 꽃 하얀 꽃.
초록의 향연
생명들의 합창.

골짜기 냇물은
잰걸음으로 가서
송사리들 봄 햇살 먹으려고
은빛 몸을 자맥질한다.

아지랑이 언덕
온갖 새들 하루가 바쁜데
마파람은 오래전에
인수봉을 넘었더라.

싱그러운 향기
부드러운 흙냄새
벅찬 가슴 읊조리니
시심이 내린다.

4월 중순
무수골은 지금 봄의 시 잔치
시우(詩雨)가 내린다.

호흡이 가쁘다
숨 몰아쉰다.

산사(山寺)에서

남녘 하늘 끝자락
산사(山寺)는 고요한데
달무리 짙은 하늘 저편
흐리게 별 하나 보인다.

향내음 짙은
대웅전 돌계단 앉아 어둠 속 바라보니
칠성각 허공 위를 반딧불이 나는데
치렁 치러렁
산바람 스쳐간 풍경소리
서글픔만 더한다.

몸 둘 곳 없어
무작정 떠나온 길.
내 젊은 날의 방황의 끝은
언제쯤일까.

능소화

흡반 마디 납작 거미처럼
빈 가지는 근본마저 있는 듯 없는 듯
장마 즈음 빗속에서 주홍 물들여
무더위 갈 때까지 나팔을 분다.

세월 더할수록 의연하던 품새는
금의환향 길 관에 꼽는다 했던가.

명예를 중시해 시들지 않고
도도히 지키다 떨어지니 필 때와 질 때가 한결같아
굽힐 줄 모르는 기개를
양반 꽃이라 했다지.

어릴 적 장맛비 내리던 날에
담장 옆 추녀 아래 모여 놀다가
옹기종기 입 대고 나팔을 불던
붉은 주홍 나팔꽃 능소화랍니다.

샛강의 만추

샛강 언덕에
빛바랜 마른풀들
이름 모를 들꽃들
소슬바람
은빛 물 위를 흐르고
물새들은
화려한 자맥질

갈대숲에서
가을걷이 요정들 포롱 포로롱
하늘가로 숨는다.
초목들의 수채화
고즈넉한 샛강 길은
온전한 가을

지금 중랑천은
만추가 한창

낚시

만남의 기대로
설레는 마음.
백구 나는 선창에서
물을 가른다.

아득하게
멀어진 포구
망망대해에서 사냥 줄을 넣으니
일엽편주는 두둥실 두둥실

두렵게도 임당수는
천 길인가 만 길이던가
너울너울 오장을 흔드는 파도
하늘이 노랗다.

대어
너를 만나기도 전에
어쩌지 못하는 몸을 바다에 누인다.
눈을 감고 말았다.

황혼 길에서

하루는 더디 가는 듯
달포는 잰걸음인데
한 해는 달음박질로 가는구나.

날이 갈수록 성화이니
해거름 향해 가는 나그네
안타깝기만 하구나.

세월 속에서
오가는 시간들 같은 것이련만
마음 따라
늦기도 빠르기도 했지만

지나간 세월
힘을 다하여 삶을 사랑했는데
돌아보니
바람처럼 가버린 날들이네.

무답(無答)

나는 누구냐
너는 누구냐 내가 나를 모르니
너도 알 수 없구나.

왜 이곳에 있으며
무엇 하러 왔는가 어디서 와서
어디로 가는지

알고자 하나
알 수 없으며 알지 못하니
헛수고인 것을

만남의 인연도
이별의 날들도
내가 나를 모르니

아! 세상살이 모든 것은
무답(無答)이어라.

나는 왜 시를 쓰는가

봄에는
꽃이 좋아서 시를 쓰고
탄생의 소리 있어
기쁨으로 시를 쓴다.

가을엔
결실이 고마워서 시를 쓰고
지는 낙엽 안타까워
시를 쓴다.

여름에는
벌거숭이가 좋아 시를 쓰고
산 좋고 물 좋아
행락 길에 시를 쓴다.

겨울에는
설경이 아름다워 시를 쓰고
까치 새 울음 정겨워
시를 쓴다.

흔적을 남기려는 몸부림 있어

춘하추동(春夏秋冬)
세월 가는 길목에서
나는 시를 쓴다.

4 부

그해 가을

그해 가을

북창 너머
시리게 오던 겨울.
하늘은 어둡게도 회색 슬픔만 걸려 있었다.

운명이란 굴레로
켜켜이 쌓인 세월의 덫에
등 돌린 영혼
통곡해도 어쩌지 못했던
천상(天上)의 길.

삶의 뒤안길
어제의 일들이 지금은 없다.

그렇게 쉽게 가실 줄 알았더라면
엉킨 시간들
힘 다해 보듬을 것을

다시는
이제 다시는
보은(報恩)할 일 없음에
하늘도 땅도 슬픔뿐이었으니

그해 가을
낙엽의 강에는
혼미한 것이 멀리만 있고

오랜 시간을
서러운 울음만 울었을 뿐이다.

진료 길에서

봄이라는데
느낄 수 없고
꽃은 피었다는데 볼 수가 없구나.

소문들은 문턱마다
공(功) 들여도
상처는 아물지 않고

심연(深淵)처럼 보이는 것 없으니
잿빛 하늘은
가슴만 짓누르네.

오호라
나는 언제쯤이나
푸른 초장에서 꽃을 볼 수 있을까.

눈 떠 있어도
길을 찾지 못하는
눈먼 이방인

주절주절
슬픈 짓거리
서러운 세월만 울고 있구나.

회한(悔恨)

허망한 마음이
수삼 일을 더했는데 슬픔은 가시지 않고
복받치는 설움은
그저 하염없는 눈물입니다.

이순(耳順)에도
파고들던 어머니 젖무덤
아니 계시니 어리광 부릴 곳도 없고
내 어머니
다시 뵐 수 없음에 가슴만 미어집니다.

섬기는 것이
생각만으로 이루어지는 것이 아니었거늘
모시는 것이
입으로만 하는 것이 아니었거늘

교만하여 실천하지 못하고
게으름에 놓친 죄
그 어리석음이
안타까움만 더합니다.

어머니
운다고 오실 리 없고 죄(罪) 씻어지지 않으련만
풍수지탄(風樹之嘆) 회한은
그저 용서해 달라는 통곡뿐입니다
어머니, 어머니~

눈물의 인연

어머니!
당신의 이름은 눈물이었나요.
불러보면
눈물이 납니다.

어릴 적
당신의 품에서는
본향의 눈물이었고
철들면서
이런저런 이유는
죄의 눈물이요
무정세월에
가신 것은
회한의 눈물이었으니.

아! 내 삶의
천륜(天倫)의 인연
어머니

당신의 이름은
눈물이었습니다.

고아(孤兒)

가을 샛강
갈대 우는 풀섶에 소슬바람 분다.

해 저물어
어둠 저만치 하늘에
별 하나는
그리움이다.

북망산 길
서둘러 가셨기에
아니 계시니 서럽고도 슬프다.
뜨거워진 눈시울
별 하나는
은하수 되어 쏟아진다.

가슴은
서럽도록
둥 둥 북만 울리고 있었다.

내리사랑

피붙이 사랑
내리사랑이라 했던가.
새끼는 헤아리지 못하지만
죽는 날까지도
어미는
자식을 품었어라.

새끼도
어미가 되면
자식을 품어 살지만
백발이 와도 은혜를 모르다가
어미 죽어서야
그 뜻을 깨달으니

어미는
숭고한 것이나
새끼는 어리석게도
불효 아닌 것이 없어라.

어머니의 달.1

밤하늘 둥근 달은
어머님 얼굴.

내가 슬프면 일그러지고
내가 기쁘면 환하게 웃으신다.

해서
슬퍼하지 않으리.

천상에 울 엄마
언제까지나
웃으실 수 있도록.

어머니의 달.2

산자락
겨울 문턱에서
취했던가.

무겁게 걸으며 하늘을 본다.
앙상한 나뭇가지 사이로
달이 보인다.
어머니 얼굴이다.

언제까지나
내 가슴에 함께 계시니
떠났지만
떠나지 않으셨나 보다.

날 보고 웃고 계시는데
쓸어안고 싶은 마음 가시기 전에
구름이 눈을 가린다.
까마득한 현기증
온통 암흑이다.

갈 곳을 몰라
오래도록
어둠 속에 서 있었다.

삼우제 날에

하늘도 땅도
슬픔뿐이다.
바람소리에 오실 것 같은데

넋 잃은 눈빛
잿빛 무거움
아무것도 보이지 않았었다.

삼우제 날에
낮에는 환상으로
밤에는 비몽사몽간에

눈을 감아도
눈을 떠도
어머니 생각뿐이다.

백숙(白熟)

어스름 저녁 밥상
삶아놓은 닭 한 마리

뜰 앞 서성이시다가
창문 밖으로 보이셨는데
김 서리더니
보이시질 않는다.
어딜 가시었나
백숙 식기 전에 오셔야 하는데
덩그러니
나만 혼자이네.

어스름 저녁 밥상
삶아놓은 닭 한 마리

겸상에 아니 계시고
홀로 앉아 입에 넣으려니
생전에 일들 가슴 치밀어
목이 메입니다.

거미 어매.1

오랜 세월을
보이질 않았다 들리지도 않았다
할 수 있었던 것은
허기진 본능으로 그네를 탈 뿐

가녀린 무명실
행여 끊어질까 노심초사
암울한 미래를 향한 두려움은
가슴앓이 되었고

기약 없는 기다림에
빈 그물만 바라보다가
어쩌지 못해
내 몸 부수어 피 주고 살 주고
다 주어도
모자라기만 했으니

천방지축 거미 새끼
그래도 되는 줄 알았는데
회한의 눈물은
베옷 입고 가실 때야 알았네.
사(死) 후회인 것을.

아! 하늘 아래 어느 사랑이 있어
거미 어매
그 사랑만 할까.

거미 어매.2

거미 어매
동막골 살다가 죽었답니다.
무명실 매달린
인고의 세월
가슴앓이 병이 되어
죽었답니다.

눈이 멀어
속살 파먹던 거미 새끼
울어도 또 울어도 소용이 없고
가슴에는
슬픈 주머니만
남아 있으니

죽어서야 버릴 수 있는
눈물에 주머니만 남았답니다.

보약

단 냄새
품에 안고 입맞춤했다.

말놀이 졸라
무릎 꿇고 말이 되니
말몰이 한다.

까르르
맘껏 웃음소리
입 냄새는
내 속살 냄새.

잠들면
시름은 저 멀리 있고
묻어난 향기는
보약이 된다.

병상에서

병상에서
약 취해 잠드신 모습을 바라봅니다.
깊게 패인 얼굴 어루만지니
뭉클한 것이
가슴이 메이네요.

고우셨던 모습
무정세월 견디시지 못하고
작아진 몸
누워 계신 앞에서
불효자 한숨뿐이니

산처럼 크고
하늘같이 높은 은혜를 깨닫지 못한
그 어리석음에
하염없이 눈물만 납니다.
눈물만 납니다.

어둠 속에서

그 시절 내 어머니는
밤마다 설움에 눈물을 훔치셨다.

청상에 지아비 잃고
고사리 손 뿌리치며 길 떠나시던 보따리 행상은
오직 새끼들 입에 넣어 줄
밥 한 그릇만 생각했다네.

보채는 어린 손에 쥐어 주시던 1원짜리 한 닢으로
누가사탕 단맛 가시고 나면
문득문득 떠오르는 엄마 생각에
산마루 올라서 신작로 길 끝만 바라보았지.

해 그림자 길게 서산으로 갈 때면
놀던 친구들 보금자리 찾아갔는데
아버지 주검 있던 방 안이 싫어
삼남매는 양지 녘 담벼락에 기대어 서서
저물도록 뜸북새 노래만 불렀답니다.

땅거미 짙어 어둠 내린 밤이 오면은
남폿불 희미한 방에 들어가
천장 위를 뛰어다니는 쥐 소리를 들어야 했지요
신문지 흩겹으로 발라놓은 천장 위에서
어쩌다가 놀던 쥐가 떨어지기라도 하는 날에는

어린 삼남매
혼비백산 놀라서 울고 두려워 울고.
엄습하는 공포 속에 울다 지쳐서
선잠이 들 무렵

거적문 어귀에서 들려오던 발자국 소리
똬리 튼 머리 위에 보따리 놓으시며
안쓰럽게 새끼들을 바라보시던 울 엄마 얼굴.
엄마 냄새가 너무 좋아 품에 안기어
서러워 울고 반가워 울고.

돈 벌러 나가지 말라는 어린 자식들 성화에
목구멍이 포도청이라시며
눈물을 글썽이시던 내 어머니.

전쟁의 상처로 암울했던 시절
보따리 행상으로 생존의 기본을 걸식했던 슬픈 날들.
그 시절 당신께서는
얼마나 가슴이 아프셨나요.

세월은 가고
백발이 된 지금도
어머니 불러보면 가슴 저려 와 목이 메입니다.
어머니— 어머니

아! 나의 어머니.

애모(哀慕)

인고의 세월
여든일곱 해
시린 바람 얼마나 불다 갔나요.
노심초사 가시밭길
한숨으로 피가 말라 떠나셨으니
울어도 또 울어도
복받치는 슬픔
가시지 않네요.

날이 가면
슬픔이야 아물겠지만
때로는 못 견디게
생각도 나겠지요.

사무치도록
그리움 깊은 날에는
살을 깨물어
그리움을 달래고.
살을 깨물어
젖 내 음 찾으렵니다.

어머니!
세월이 가도
언제까지나
잊혀지지 않을 것입니다.

병원

아득한 혼절
희미한 의식 사이를
약물로 포장된 시한부 생명

병상의 흰 벽
실눈 뜨고 바라보면
어렴풋이 검은 옷의 그림자도
보였을 터인데

잔인한 시간 속에서
신음소리
아직은 아닌데 분하고 억울하니
그래도 기다림 있는 것일까.

안타까운 마음
그 아픔은
혼자 하는 것이 아닌가 보다.
누구라도 가야 하지만
가고 싶지 않은 곳

아쉬운 이별.

하얀 병원은
나그넷길의 종착역이다.

봄비 오는 밤

봄비 오는 밤
빗소리에 잠 못 이루고
창가에 서 있다.

저만치 어둠 속 가로등 불빛 희미한데
돌아가는 담 모퉁이는
쓸쓸함만 보인다.

이유 없는 외로움
밀물처럼 가슴에 오는 것은
그리움인가.

창밖 하얗게 목련꽃 잎은
보고 싶은 얼굴
투두둑 투두둑 봄비가 내린다.

밤은 깊어 가는데
그칠 줄 모르고 그리움이 내린다.
하염없이 내린다.

5 부

그날이 도적같이 오기 전에

그날이 오기 전에

십자가 길을
양이 가고 늑대가 간다.

반쪽으로 맞으니 일마다 저울질이라
죄 짐 망령은 떠나질 않고
손바닥 들어 하늘 감추려니
작은 진실뿐이다

종이라 하면서
닭은 울어도 밤이었으니
예비하는 자여
흑암의 영혼을 무엇으로 씻을까.

이르시기를
곤고하며 목마른 자들아
내게 와 생명수를 마시라 하시건만
사단 시샘에

야곱의 우물가는 멀기만 하고
새털 좌표는
멀미처럼 흔들리니
찢겨져 불살라질까 내가 두렵습니다.

거두시는 자여
이제 내가 목마른 사슴처럼 갈급하여 찾으니
생명의 물을 마시게 하시고
내가 반석에 서게 하소서.

나그네 가는 길을
흔들리지 아니하고 의롭게 하사
저울질 양심이 아닌 선하심과 인자하심으로만
좁은 길 걸어가게 하소서.

그날이 오기 전에 도적같이 오기 전에.

도적같이 오기 전에

서산 노을에 길 돌아보니
덧없는 세월은
안개처럼 왔다가 바람처럼 가는구나.

이르시기를
해 아래 헛된 것이
바람을 잡으려는 것과 같다 했으니
우여곡절 나그넷길은
걸음마다 내 것이 있었던가.

무거운 짐 진 자여
십자가 은혜
그 멍에는 쉽고 내 짐은 가벼움이라
세상 죄 눈물을 모두 다 접고
수고를 그치라 하시네.

돌아보면 나 부족해
나누지 못한 일들 많아 부끄러운데
본향 가는 길 훌훌 벗고
이제라도 남은 해를 무릎으로 가야지
조아려서 가야지,

그날이 오기 전에
도적같이 오기 전에.

무상(無狀)

산다는 것이
있는 듯해서 가보면 없고
보일듯하면서도 보이지 않는 허무의 신기루.
잡을 수 없고 가질 수 없는 것이
오랫동안 화 되어

때마다 한 잔 술은 모가지를 채웠건만
어느덧 지친 육신은
성큼 가버린 세월 속에 있네요.

그 무엇도
얻은 것이 없는데
시간 속에서 지워진 공간은
망각의 병만을 남겨둔 채로
무상(無狀)을 좇아가는 또 다른 세월입니다.

어쩌면 산다는 것이
언젠가는 그마저도 오지 아니할
허망할 것이기에 그런가 봅니다.

사는 동안을

하아!
숨을 쉽니다.
내쉬면서 하나님을
마시면서 아버지를 부릅니다.

하아!
오늘도 내 속에 계시며
아름다운 햇살을 보게 하시어 경배와 찬양
하늘곡조를 부르게 하십니다.

하아!
날마다 은혜로 함께하시니
내 영혼 거두시기까지
하나님 아버지 부르면서
숨을 쉽니다.

추수 날에

서천 해 들판 길
초연이 머리 숙인 늙은 벼이삭
무심코 바라다본다.
모두가 같아 보이지만
거두시는 것은
사역한 대로 공평한 은사.

가을 나그네
추수할 날 멀지 않으련만
믿음의 열매
아쉬움 많으니
혹 아직도 쭉정이일까
얼만큼이나
익어가고 있는지.

참새들
세상 속 가을걷이로
날갯짓만 바쁘다.

독실의 향기

호젓한 길
만추 내렸는데
온몸에 베인 똥 냄새는
독실(篤實)의 향기

흰머리 권사님
뚝방 언덕 흩어진 열매 주워
헌물 쓰신다며
풍(風) 몸으로 은행잎 깔고 앉아
미끄럼 타시네.

꾸러미 끌고 가는
꼬부랑 걸음
몸 된 교회 십자가
수놓고 있네.

필연(必然)

억겁 세월에
꽃은 피고 또 지고
쉼 없이
오갔는데

오고 싶어 왔던가요.
가고 싶어 갔던가요.
필연의 이치는
세월 속에서

모든 것을
오고 가게 하더이다.

만유(萬有)의 이치
조물주만이 아실 것을.

세상의 산(山)

그림자 누우면
내려서야 할 것을
우상을 업고 흠모하던 날에
어리석게도
다투어 올라서려고만 했었다.

덧없는 속에서
눈 한번 깜박인 것을
무엇을 이루기 위함이었나.

세상의 산
오르면 올라간 만큼
저기 아래 음부(陰府)의 길
돌아서기만 힘이 들 텐데.

돌아보니
감사를 외면했던 그 아픔들이
묵상(黙想) 속에서
가시처럼 찔러온다.

날이 갈수록

처서 지난 강변
녹천 교각 아래 소슬바람
한기 밀려온다.

강 너머 초안산 아직은 푸름 있건만
살 같은 세월은
자박자박
겨울 소리를 듣는다.

기다리지 않았음에도
와 있었고
날이 갈수록 심오하니 어쩌지 못하고

이젠 차라리 마음으로 먼저 가
저기 눈 내리는
강물 위를 바라보련다.

세월의 흔적 속에서
여전히 가슴에 오는 것은
긴 공허함뿐인데

쏜살같은 날 그 안타까움에
나는 한 발 앞서
미지의 세월을 가고 있었다.

철거된 교회

뚝방 길
가로등 불빛 희미한 호젓한 길에
봄꽃이 날린다.
나사렛 마을
곤고(困苦)의 타협을 어쩌지 못하고
허물어진 성전

처음 날
약속의 기도를 묻어둔 채로
구원의 집을
스쳐간 시간들

새벽을 깨우던 회당의 종소리도
이제는 옛 이야기

소망의 터전
아름다운 교회를 철거하던 날에
목회자는
이방인 여인처럼
연단의 아픔을 순종하면서
천상의 노래를
어둠 속에 보냅니다.

저 높은 곳
하늘나라
더 큰 영광과 비전을
가슴에 새기면서.

남은 햇살에

몇 번이었나
어렴풋이 피고 진
꽃의 천리만 있었을 뿐인데.
시나브로
서천 해 하늘이다.

아귀다툼
서둘러 온 길은 무엇이었나?
잡아본들 빈 것이고
찾아본들 없는 것을
빈 가슴은
공허함만 가득하니

해거름 녘
종려나무 가지를 흔드는 자여

노후보다는
사후를 염려하라시던
부자 이야기 깨닫고
이제라도
남은 햇살을
새롭게 가자

좁은 길
말씀의 길
천로역정의 저 길을.

지나가리라

지나가리라
세월 속에서
모든 것이 지나가리라.

해도 달도
어제의 것이 아니고
맑은 날도 궂은 날도
인생도
머물지 않더라.

지나가리라.
보내지 않아도
지나가리라.

꽃은 피고 또 지고
기쁨도
슬픔도
꿈처럼 바람처럼
지나가리라.

지팡이

지팡이 막대기
하찮은 것처럼 보이지만
어둠 속에서는
등대가 됩니다.

지탱하지 못해
일어서지 못할 때에도
의지에 따라
크게 은혜가 되지요.

지팡이 막대기
하찮아 보이지만
함께 가는 나그넷길에서
서로에게 지팡이라면

세상은
아름다울 것입니다.

불신자(不信者)

어둠 속
벽시계 초침소리
동지 바람 창문 흔드는 새벽
숨소리 작게
아픔을 헤고 있다.

지천명 후
살아오는 날들을
줄곧 삶과 죽음을 생각했다.
오늘도 세상 인연 속에서
나는 어디쯤이며
이 시간 어디로 가고 있는 것인지
희 로 애 락의
기약할 수 없는 연출과 수수께끼
삶의 끝은 언제쯤일까.

형이상의 세계
오늘도 밤새워 가면
그곳에 닿을 수 있을까.

비몽사몽 블랙홀 따라
사차원 가던 길에서
어둠은 깨지고
뿌옇게 새벽 먼동.

원초적 숙제인
암호의 세계
삶과 죽음의 형이상의 의미를
깨닫지 못하고
온밤 내내 젖어 버린 상념은
구멍 난 가슴이다.

어제와 오늘이라는
긴 터널 같은 어둠 속에서
언제나처럼 나는
갈 곳 모르는
미아가 되어 있었다.

만남의 지혜

나그넷길
스쳐가는 인연들에게
하늘 메시지
가르침 있으니

쓰다고 버릴 것 아니요,
밉다고 떠날 일 아니더라.
본향 가는 길
말씀의 동무되어
더불어 함께하라 하시니

믿는 자
그 쓰임 받는 지혜 깨달아
겸손과 순종으로
조화로이
거두면서 가야지.

자만

불, 불이 났어요.
강 건너 불인 줄 알았는데
점차 뜨거워지는 것이

어이쿠
아니었네요.
내 몸 내 발등에
불이 난 줄도 모르고

그것이
자신인 줄도 모르고

우상놀이
그 어리석음에
불.
구경만
하고 있었습니다.

천국열쇠

사람들은 누구나
좋아해야 좋아하고
싫어하면 싫어하더이다.

관심해야 관심하고
무관심하면
무관심하더이다.

해서
좋은 것이 좋은 것이니
인생살이 만 가지 가르침 중에
으뜸인 것이
배려하는 마음.

사랑이라 하더이다.

허물

허물
벗었다고 생각했는데
남은 것 있는지 거듭나질 못하네.
잔존의 것들
이대로는 아닌데
어느 세월 있어
벗어놓으려나.

좁은 문
천로역정의 길
겉 사람 벗고 죽어야 한다는데
참으로 죽어야 한다는데
십자가 향기 약속의 말씀은
속세 인연 깊게 베어
거듭나지 못하니

언제나 온전하여
우상에서
자유롭게 되려나.

염원(念願)

봄날의 꽃
잡힐 듯 눈앞에 보이건만
어느덧 중천 지난 해는 서산으로 기울고.
허허로운 마음이 하늘을 보니
덧없는 것이 오늘도
생각 없이 날 데리고 간다.

허무하게도
아쉬움에 묻혀간 수고는 안타까운데
어디쯤 왔는지
얼만큼 가 줄 것인가 알 수 없는 길에서
잠시 멈추어 뒤돌아보지만
온 길 모르듯
가는 길 또한 알 수가 없구나.

아하, 비우지 못한 염려는
무엇을 탓하며 한숨이련가

깨닫게 하는 것이
두고도 가져갈 것 없다 하니
벗어 버리고 내려놓아
아름다울 노을에
상처 내지는 말아야지.

밉지 않을 흔적이나마
남기려거든…

가깝고도 먼 곳

이정표 없는 곳
홀로이 바람 부는 길에 서 있었지요.
온전치 못한 자 갈 곳을 몰라 하니
수많은 유혹입니다.

여전히 의심하여
만남의 은혜 그 기다림은 멀기만 하고
순종하지 못하니
눈이 멀어 보이지 않았습니다.

행여 하는 마음으로
혼돈하여 반신반의하는 자는
변화를 고대하며
표적 있기를 소망하지만
그 뜻이
땅에서 이루어지면
하늘에서도 이루어진다는 참 진리를
깨우치지 못하니

나는 언제쯤이나
세상의 늪 벗어나 온전해질까.

전도(傳道)

오늘뿐이다
어제가 있었지만
내일이 있다 속단하지 마라
마지막 날인 것처럼 지내야지.
속절없이 보내기엔 전파(傳播)의 시간들이
너무도 짧은 것을.

지나고 나면
다시 오지 않을 오늘을
내일의 기댐으로 헛되이는 말아야지.
허송하기엔 꽃 피움의 시간들
은혜의 시간들이
너무도 짧은 것을.

오늘뿐이다.
듣든지 아니 듣든지
전파하라.

나의 길을 가라 하시네.

수련원에서

굽이굽이 가락 재 산머루 익어가고
풍천 휘돌아간 골짜기마다
옥수 회유하는 피라미들 군무
구원 바라는 순례자 청산에 왔어라.

혼돈하는 치유 위해
심산유곡 낙수에 물 마중 지치면
전망대 평상에 기대앉아
녹색 푸름 탄(歎)하였네.

섬섬옥수 침례로
세속에 거듭나서 비우던 뜻은
갈급한 심령 위에
단비 같은 성령 은사

바라는 실상은
보이지 않는 것들의 증표이니

만남의 시간 속에
파고들던 성령의 전율
불처럼 내리던 방언의 은사들

쏟아지는 별밤 모닥불 피워놓고
산안개 내려오던 새벽녘까지
하늘에 영광과 지인들의 안녕을
통성으로 보냈던 천국편지들.

그해 여름
벧엘 수련원에는
녹색의 향연과 은사의 바람이 있었다.

향기

꽃이 아름답다고
향기가 좋을까요.
꽃이 아름다워도 향기가 없다면
벌 나비도 없지요.

못난이 꽃이라도
향기 곱다면 찾는 이가 많으며
스쳐만 가도
오래도록 남습니다.

아름다운 향기는
배려하는 마음입니다
감싸 줄 수 있는 마음입니다

좋은 향기는
햇살처럼 따듯한 사람입니다
주님의 향기처럼
십자가 마음입니다.

나그넷길을
좋은 향기만 머금고 살아요.
주님의 향기처럼 살아요.

성 빛의 불꽃

나사렛 송정마을
어둠 밝히려
성 빛 종소리는 새벽을 깨우고
하늘 문을 열었다.

20여 년의 성상
수많은 우여곡절과 시련은
정금이 되기 위한
아픔이었나.
말씀만을 위해
나갈 방향에 때 묻지 않고
한결같이 지켜온 언약의 날들
그 약속은
님 오실 그날까지였던가.

오늘도 길 잃은 양들을 위해
어둠 속의 등대처럼
무거운 짐 진
저들을 맞고 있다.

온전히 세우려는 그 길
아직은 멀지만
흔적을 남기겠노라
그 다짐이 날마다 새로우니
언제까지나 너는
꺼지지 않는 등불이 되리라.

불꽃이여.
하늘에 영광을 위한 등불이여
성령의 은사로
생명의 안식과 축복의 표적을 위해
더 넓은 곳에서 타오르라

번성하고
또 번성하여라.

성 빛의 불꽃이여.

죄인입니다

비 개인 오후
샛강 길 걷다가
무심코 발아래 내려다보니
개미들이다.

화들짝 놀라
피해서 발 딛으니
밀려오는 현기증
아! 걸음마다
삶이 있었는데

생각 없이 지나온 길에
얼마나 많은 생명을 밟고 왔던가!
살아가는 날들이
의식적인 것이 아니더라도

모르는 사이에
모르고 지은 죄는
얼마나 되려는지.

시집을 접으며…

♣가로등

세잎 클로버는 행복의 상징이며
네잎인 것은 행운의 상징이라고 한다.

사람들은 의지에 따라
자신의 삶을 천당과 지옥으로 바꿀 수 있는
힘을 가지고 있음에도 그것을 자신이
어떻게 받아들이느냐 하는 것이 문제인데

『작금의 많은 사람들이
스스로를 불행하다고 느끼는 이유도
잠시 왔다가 가는 행운만을 찾기 위해
가까운 곳의 무수한 행복들을
외면하고 있기 때문은 아닐까.』

행복한 사람들은 성공했기 때문에
행복한 것이 아니라고 한다.
그들은 "행복하기 때문에 성공한 것이다"라고
(그럼에도 행복하라)에서
앤드류 매튜스는 말하고 있다.

嶋泉 김만수